hachette s'engage pour l'environnement en réduisant l'empreinte carbone de ses livres. Celle de cet exemplaire est de : 400 g éq. CO_2 Rendez-vous sur www.hachette-durable.fr

PAPIER À BASE DE FIBRES CERTIFIÉES

Loi n° 49-956 du 16 juillet 1949 sur les publications destinées à la jeunesse.
Rédaction : Anne Marchand Kalicky. Maquette : NoOok. Dépôt légal : avril 2016.
Achevé d'imprimer en avril 2016 par Canale en Roumanie. Édition 01.

nickelodeon

PAW PATROL

LA PAT' PATROUILLE

TOUS À LA PISCINE !

hachette
JEUNESSE

Ce matin, il fait une chaleur étouffante ! Au parc, Ruben et Rocky terminent de réparer un toboggan. Les chiots lèvent les yeux vers le soleil.

– Je rêve d'être au frais… dit Ruben. Eh ! La piscine est ouverte aujourd'hui ! Allons faire trempette !

Ils se précipitent au bord du bassin mais à leur grand étonnement, il est vide.

– Flûte ! On ne peut pas nager… Et dire qu'Alex, Katie et tous les autres avaient prévu de passer la journée à la piscine.

Les chiots s'interrogent : où a bien pu passer toute l'eau ? Ils sont bien décidés à le découvrir ! C'est une mission pour la Pat' Patrouille !

Ils filent aussitôt retrouver Ryder.

– Eh, les amis, que se passe-t-il ? demande le jeune garçon, en les voyant courir vers lui.

– Ryder ! On a un sérieux problème ! commence Ruben.

– Il n'y a plus d'eau dans la piscine… poursuit Rocky.

Alex, qui se trouvait avec Ryder, intervient :

– Mais nous avions prévu d'y passer la journée ! Comment allons-nous faire ?

– Ne t'en fais pas, Alex. On s'en occupe. Aucune mission n'est trop dure, car mes amis ils assurent ! répond Ryder en appelant aussitôt ses chiots grâce à son portable. Pat' Patrouille, rassemblement !

Tous se précipitent vers la Tour de Contrôle. Comme à chaque fois, Marcus ne fait pas comme les autres. Il trébuche sur sa bouée et finit, après plusieurs rebonds, pas atterrir dans l'ascenseur la tête en bas.

– Pas terrible ce saut ! lui disent ses amis. Voici nos notes !

Heureusement, tout est vite oublié et les chiots arrivent en haut de la Tour, prêts pour l'action !

Devant son écran géant, Ryder leur explique la situation.

– Nous avons une urgence : il n'y a plus d'eau dans la piscine ! Nous devons découvrir pourquoi elle est vide. Il faut savoir qu'elle se remplit habituellement grâce au château d'eau de la ville et il se pourrait que le château d'eau ne soit plus relié à la piscine. Nous devons comprendre pourquoi et réparer ça !

Ryder se tourne vers Marcus.

– Je vais avoir besoin de ton échelle pour vérifier l’état du château d’eau.

– Je suis tout feu tout flamme, répond le chiot avec malice.

– Ruben, j'aurai besoin de ta pelleteuse pour déterrer les tuyaux qui relient le château d'eau à la piscine. Ils sont peut-être bouchés.

– Ruben met toujours la gomme ! répond le petit chien.

– Et ceux qui ont rendez-vous à la piscine, soyez rassurés, elle sera remplie à temps. En avant, la Pat' Patrouille part en mission !

La troupe se précipite dans les véhicules pour rejoindre le château d'eau. À peine garé devant, Ryder repère aussitôt le problème.

– La dalle qui soutient l'un des piliers du château d'eau a glissé, ce qui a incliné le château et tordu le tuyau qui alimente la piscine.

– On doit redresser le château pour pouvoir changer le tuyau, ajoute Ryder.

Ruben soupire : c'est beaucoup de travail par cette chaleur ! Mais Ryder appelle du renfort et demande à Chase d'apporter son treuil, puis à Rocky de venir avec son camion. La Pat' Patrouille est sur le coup !

À la piscine, les enfants sont déjà réunis autour de Katie et Alex. Stella et Zuma sont aussi de la partie. Mais il fait tellement chaud ! Zuma a soudain une idée : il se précipite chez M. Porter, le marchand de glace, et repart avec une grande boîte de sorbets.

Mais à son retour, les glaces sont déjà toutes fondues ! Zuma se désespère.

– Je n'en peux plus de cette chaleur !

– Tu n'as qu'à enlever ton joli manteau de fourrure, lui dit Stella en plaisantant pour détendre un peu l'atmosphère.

Plus loin, Ryder dirige toujours les opérations pour redresser le château d'eau qui menace de tomber. Chacun a un rôle important à jouer.

– Chase, déroule ton câble et ton treuil mécanique. Marcus, monte sur l'échelle et attache le crochet au château d'eau.

Chase et Marcus se coordonnent et hop ! Le tour est joué ! Ensuite, Rocky utilise son camion pour soulever et écarter la dalle. Ruben a maintenant le champ libre pour étaler la terre sous le pilier.

Au bord du bassin, les enfants attendent avec impatience de pouvoir s'y rafraîchir. Heureusement, Stella vient d'avoir une idée géniale : aux commandes de son hélicoptère, elle s'envole vers le sommet des montagnes enneigées.

Elle remplit de neige l'immense panier accroché à son engin et repart vers la piscine pour déverser une pluie de flocons. Malheureusement, le plus gros de sa récolte tombe sur Zuma qui se transforme en bonhomme de neige !

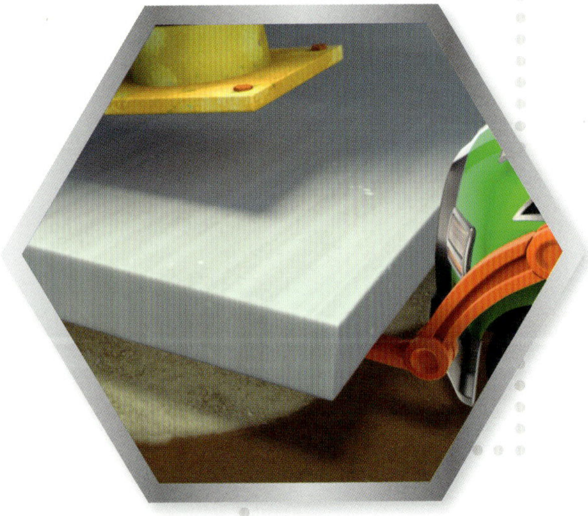

Près du château d'eau, Chase, Ruben, Rocky et Marcus sont en place : l'intervention peut commencer. Chase met en marche son treuil. Le câble se tend tandis que le chiot fait marche arrière pour tirer sur le fil et redresser le château d'eau. Ça y est ! Le pilier dévié se soulève. Rocky en profite pour glisser la dalle sous le pilier après que Ruben ait déversé les graviers dessous.

Chase déroule le treuil doucement jusqu'à ce que le pilier du château se repose sur la dalle.

– Génial ! Le château est à la verticale ! s'extasie Ryder.

Mais ce n'est pas terminé : ils doivent encore réparer le tuyau tordu pour que l'eau s'écoule jusqu'à la piscine.

Rocky fouille dans
son camion et en ressort
un morceau de tuyau
tout neuf. Ryder ferme
l'arrivée d'eau. Ensemble,
ils enlèvent le morceau
de tuyau abîmé et fixent
la nouvelle pièce à l'aide
d'une clef anglaise.

– Ça devrait tenir ! s’exclame Rocky.

– Oui, voyons si ça fonctionne, répond Ryder.

Le jeune garçon appelle aussitôt Stella :

– Je vais rouvrir le robinet d’arrivée d’eau. La piscine devrait se remplir dans un petit moment.

Stella prévient aussitôt ses amis qui poussent des cris de joie, surtout lorsque l'eau jaillit enfin de la piscine.

Le bassin se remplit et bientôt, les enfants sautent dans l'eau et plongent du toboggan.

Ryder et ses chiots les rejoignent. Alex les remercie d'avoir réparé la piscine.

– Oh mais ce n'est rien, Alex. Et souviens-toi : si vous avez des problèmes, la Pat' Patrouille vous vient en aide !

Mais déjà, Chase annonce le concours de la plus grosse bombe dans son mégaphone. Prêts à plonger, les chiots forment une ligne au bord du bassin, sauf Rocky qui s'est réfugié sur la chaise du maître nageur, de peur d'être mouillé.

– À vos marques, prêts, plongez ! crie Chase.

Zuma, Ruben, Stella et Marcus s'élancent le plus loin possible dans l'eau et éclaboussent Rocky au passage ! Le chiot est trempé.

– Je vous mets zéro pour avoir osé arroser le juge ! gémit-il.

Tout le monde explose de rire. Ouaf ! Ouaf !